54
Lb 566.

AF264174

ESSAI

DE

CONSTITUTION RÉPUBLICAINE.

Par L. A. BRENET,

Conseiller à la Cour d'Appel d'Amiens.

AVANT-PROPOS.

Il faudrait un volume pour expliquer et motiver les dispositions et combinaisons de ce projet. Mais le temps presse, je ne veux pas fatiguer le lecteur et je me fie à son intelligence ; je serai bref.

Tout homme qui aura saisi l'ensemble et la corrélation des diverses parties de ce projet verra que mon républicanisme n'est pas ce républicanisme qui consiste à relâcher tous les liens sociaux ; le mien consiste à les resserer. Je veux une liberté grande et forte essentiellement antipathique au désordre et au despotisme. Mon vœu le plus ardent est que l'on construise non pas un édifice de quelques jours ou de quelques années, mais un édifice qui puisse résister aux tremblemens du sol.

On remarquera dans ce projet plusieurs dispositions empruntées à la Constitution de l'an 5, œuvre de la plus démocratique des assemblées législatives, de la Convention affranchie de la dictature de la guillotine et de Robespierre.

Si cette constitution a péri en si peu de temps, c'est surtout par le vice organique du pouvoir exécutif. Divisé par le nombre de ses premiers dépositaires, n'ayant qu'une durée très-exigue, très-limité et très-enchevêtré dans son action, il n'obtenait qu'une obéissance douteuse. Une fois sérieusement attaqué, il s'est trouvé impuissant à se mouvoir et à se défendre, il a croulé et avec lui l'édifice constitutionnel.

N'avons-nous pas entendu naguères un de nos gouvernans recommander fortement l'unité du pouvoir ?.... Pour moi, je comprends mal cet unité en dix, en cinq ou en trois personnes. L'unité, l'indivisibilité de la République exige l'unité,

1848

l'indivisibilité dans l'expression finale du pouvoir gouvernant. Il faut au corps politique un point, un sensorium commun auquel tout vienne aboutir.

Dans une petite brochure publiée avant les élections, j'exprimais ces vœux : « Que l'Assemblée nationale saluât la République d'acclamations unanimes, sans la soumettre à l'épreuve du scrutin ; qu'elle établit immédiatement un pouvoir exécutif et que ce pouvoir fut confié à un seul ». Ces vœux n'ont été exaucés qu'en partie. La concentration du pouvoir était, elle est encore le premier besoin de la situation. Qui peut dire ce que cette grande mesure adoptée dès l'abord eut épargné à la nation, de tiraillemens, d'embarras, d'angoisses, de dangers et de conspirations occultes ou patentes ?

Ainsi, à mon sens, la République doit avoir un seul chef. Mais il faut tenir compte des séductions du pouvoir, des passions humaines ; il faut élever des digues solides contre des empiétemens possibles.

Des monarchistes purs et des républicains impétueux se récrieront sur la durée de quinze années que je voudrais attribuer à la Présidence.

D'autres républicains moins absolus me reprocheront d'avoir montré trop de défiance pour le pouvoir et de demander la création d'un Président-soliveau, position que dédaigneront des âmes élevées.

Je prierai ces critiques aux sympathies opposées de considérer que les grands intérêts, de l'ordre, de la stabilité et de la liberté doivent être également sauvegardés.

La Présidence est une institution, et ce n'est pas au point de vue des ambitions individuelles qu'elle doit être constituée. Pour une âme vraiment noble, il sera toujours glorieux d'être le drapeau vivant d'une grande nation, de présider à ses destinées, de commander à des millions d'hommes libres, à des conditions qui ne sauraient paraître blessantes à un vrai citoyen.

Quant à la composition des corps électoraux, d'après mon plan, tous les citoyens, c'est-à-dire plusieurs millions de français, sont appelés aux élections nationales. Voilà le suffrage universel sainement entendu. A la vérité, tous les français ne sont pas citoyens ; mais les droits de cité sont d'un si facile accès pour tous que nul ne peut équitablement se plaindre s'il ne parvient à les obtenir. Le projet n'exclut que les repris de justice, les mendians, les vagababonds, les crétins, les domestiques ; en un mot ceux qui sont atteints d'indignité ou d'incapacité naturelle, ou dont la volonté est.

à la discrétion de celle d'autrui. Encore la plupart de ces exclusions ne sont-elles que temporaires.

Il est des écrivains qui veulent, qui proclament en principe le suffrage universel dans son sens littéral et absolu. Sera-t-il permis de dire à ces grands publicistes que leur prétendu principe est un abus de mots ; car il subit nécessairement des restrictions, des limitations dérivant de la nature ou des lois positives. Ils seront forcés d'en convenir eux-mêmes. L'aliénation mentale n'est-elle pas une incapacité naturelle ? La minorité des individus âgés de plus de seize ans par exemple n'est-elle pas une incapacité civile ? Les individus flétris en jugement ne sont-ils pas légalement indignes ?

C'est donc à la loi constitutionnelle qu'il appartient de déterminer la capacité électorale et civique.

Le vrai principe, selon moi, est celui-ci :

« Le droit de suffrage dérive de la qualité d'homme libre
» et ceux-là seuls doivent être ajournés ou exclus qui n'ont pas
» la capacité et l'indépendance nécessaires pour émettre
» spontanément un vote raisonné ou qui sont frappés d'in-
» dignité. »

On doit tendre sans cesse à élargir le cercle des capacités, et le moyen le plus puissant c'est l'instruction. Dans mon système, la force se trouve du même côté que l'intérêt à l'ordre et au progrès. Mais ira-t-on convier aux comices électoraux des hommes qui ne savent ce que c'est qu'un député et une constitution ? Prodiguera-t-on le beau titre de citoyen français à des gens qui n'en font aucun cas et qui seraient prêts à le vendre pour une pièce de monnaie ?

La démocratie pure est admissible peut-être dans la République de St.-Marin, dans le canton de Vaud, dans le canton d'Uri ; elle est impraticable dans la vaste, dans l'indivisible République Française. Il n'y a rien d'absolu en politique. Craignons, en exagérant la démocratie, de lui préparer une nouvelle déchéance.

On vient de faire, pour la première fois en France, l'essai du suffrage presque universel. Cet essai se justifie par les circonstances extraordinaires, où l'on se trouvait, par l'absence d'une autorité ayant un mandat législatif régulier, par le zèle ardent des populations monté à la hauteur de la situation, et parcequ'il s'agissait de créer un ordre politique tout nouveau. Mais cet essai n'est point concluant pour des temps ordinaires et une situation normale, il n'engage point la souveraineté de l'Assemblée nationale.

Il est des hommes voués au culte du passé ou favorisés de

la fortune , il est des ecclésiastiques qui se sont jetés dans la mêlée politique, qui repoussaient naguères avec horreur l'idée du suffrage universel et qui aujourd'hui s'en accomoderaient assez. Ils ont compris que par le grand nombre de leurs ouailles dociles , de leurs domestiques, de leurs ouvriers , de ceux dont ils tiennent l'existence entre leurs mains , ils pouvaient avoir infiniment plus que le double de vote.

M. l'abbé de Genoude, M. l'abbé de Lamennais, M. de Cormenin ont-ils prévu ce résultat aristocratique et théocratique de leurs théories ?

Comme les constitutions de 1791 et de l'an 3 , mon projet admet l'élection à deux degrés. Mais il est plus large et plus confiant que celle-ci ; il reconnaît à tous les citoyens qualité suffisante pour devenir électeurs du second degré. Si le droit électoral appartenait exclusivement à quelques centaines de mille Français , le suffrage direct serait de beaucoup préférable ; mais il s'agit de faire voter des millions de citoyens et pour les faire voter *directement* , il faudrait en revenir à les fractionner par cantons, c'est-à-dire rendre impossibles au jour du vote la communication et le concert entre les électeurs d'un même collége , communication et concert qui , *dans les temps ordinaires* , sont de l'essence de l'élection. N'essayons pas de lutter contre la nature des choses. La dernière loi a eu beau tronçonner les électeurs et leur interdire de déléguer leur droit ; ces tronçons épars ont fait effort pour se réunir, et partout on a vu se former, en sens opposés , des comités de communes et de cantons, qui ont nommé des délégués auprès des comités d'arrondissemens qui ont nommé des délégués auprès des comités de départemens , afin de tâcher de s'entendre , au moins à l'avance. Que d'incertitudes, que de tâtonnemens , que de degrés de délégations irrégulières !

Dans le système de l'élection directe par masses départementales , le scrutin secret n'est qu'une apparence. On ne peut renouveller l'épreuve ; par là sont ouvertes des chanses effrayantes à l'intrigue ou à des minorités incroyables. La dernière loi décidait qu'on pouvait être élu par deux mille voix ; c'est-à-dire que dans certains départemens la centième partie des électeurs pouvait faire des représentans. On arrivera à une parfaite sincérité de l'élection , en réunissant , non pas fictivement mais réellement dans un même collége tous les électeurs qui nomment le député ou les députés.

Dans un grand État, la division du pouvoir législatif entre deux corps distincts semblait un principe acquis à la société

moderne. Toutefois nous avons des novateurs *quand même*
qui, sans tenir compte des autorités les plus imposantes, ni
des enseignemens de l'histoire, ni de l'expérience des autres
peuples, ni de notre propre expérience, prétendent nous ra-
mener au système d'une seule assemblée représentative. J'espère
qu'ils ne prévaudront pas. Parallèlement au Conseil des représentans, je propose un Conseil de gouvernement, mo-
dérateur de l'impétuosité naturelle à la démocratie. Il serait
la garantie de la maturité des décisions; il communiquerait
un esprit de suite et de prévoyance à la politique du gouvernement; il serait par ses attributions spéciales un obstacle
aux empiétemens possibles du pouvoir exécutif.

Les deux Conseils ayant une origine populaire commune,
un but et des intérêts communs; on verrait s'établir entre eux,
non pas l'antagonisme, comme dans le système des deux
chambres, mais l'émulation pour le bien public.

Nous avons fait pendant la révolution l'épreuve de l'élection
appliquée aux fonctions judiciaires. Cette expérience, il faut bien
le dire, n'a pas été heureuse. Dans l'état de notre civilisation,
et avec nos innombrables lois, la science du droit est fort com-
pliquée, et le nombre des citoyens qui sont aptes à décider du
mérite relatif des légistes est peu considérable. D'ailleurs un
juge ne doit pas dépendre par la reconnaissance des justiciables
qui l'ont nommé, ni par la crainte ou l'espoir de ceux qui
peuvent le maintenir sur son siége ou l'en faire descendre.
O vous qui vous croyez des hommes d'état, tout en soutenant
des systèmes qui démantèleraient entièrement le pouvoir, figu-
rez-vous donc ce que seraient dans certains départemens
les élections judiciaires et quel genre d'opposition pour-
raient faire au gouvernement républicain certains tribunaux !
Si nous constituons un bon gouvernement ne devons-nous pas
en attendre de bons choix ?

Une inamovibilité sagement définie est la meilleure garantie
d'indépendance que l'on puisse donner aux juges soit vis-à-vis
du pouvoir, soit vis-à-vis des justiciables. Ceux qui s'appuyent
de l'autorité de Montesquieu pour recommander la composition des tribunaux par l'élection ont mal compris cet auteur;
je ferai grâce au lecteur de la démonstration.

Mon plan, au surplus, n'exclut pas complètement l'élection
pour les fonctions judiciaires; des magistrats éminens seraient
élus par le conseil du gouvernement.

Quant à la composition du jury, la Constitution n'a pas à
s'en occuper. Les fonctions des jurés, comme les magistratures,

sont la plus haute expression de l'état civique et doivent être confiées à l'élite des citoyens. Par une monstrueuse anomalie, empruntée au régime impérial, et par un renversement de de toutes les notions de bon sens reçues chez tous les peuples libres, les lois de la Restauration et de la quasi-légitimité excluaient des colléges électoraux les jurés et les magistrats non-censitaires. La loi républicaine rétablira l'ordre naturel ; mais ne se laissera pas entraîner à une déviation funeste, en appelant tous les citoyens indistinctement à siéger dans le jury.

La présente Assemblée nationale a caractère pour nommer un Président et un vice-président de la République. Elle a été déléguée pour constituer un gouvernement; elle laisserait sa tâche incomplète, si elle s'abstenait de ces nominations. Ses actes ont déjà tranché la question ; Si elle a pu, sans contestation, nommer les chefs d'un gouvernement intérimaire, comment pourrait-elle être incompétente pour nommer les chefs *temporaires* du gouvernement définitif qu'elle a mission de fonder ?

Dans les circonstances où nous sommes ces nominations ne peuvent être sagement faites que par elle. Les renvoyer au suffrage universel dont elle est l'expression, c'est courir les chances des discordes civiles, alors que tous les vœux sont pour la paix publique ; c'est exalter les espérances des dynastiques.

Comme on ne doit jamais se mettre à la merci du despotisme sous le nom dictature ou sous tout autre nom, il faut laisser dans le domaine de la loi des libertés que des circonstances impérieuses peuvent forcer le législateur à resteindre ou à suspendre.

La haute Cour nationale, dont je propose la création, n'a point d'analogue (bien que la dénomination ne soit pas nouvelle) dans ce qui a existé en France ou ce qui existe en d'autres pays. Tout à la fois corps judiciaire et politique, elle est destinée à maintenir dans leurs limites tous les pouvoirs et à préserver la Constitution de toute atteinte. Elle présente dans ses combinaisons la puissance d'un Tribunat adapté à notre état politique, Tribunat qui ne sommeille jamais. Elle est armée d'une grande force réprimante ; elle offre, à un haut degré, des garanties d'indépendance ; mais ses membres n'étant point à vie, il leur serait très-difficile de commettre des empiétemens inconstitutionels de quelque durée.

Comme cour de justice, et dans l'intérêt de l'ordre et de la liberté, elle me semble de beaucoup préférable à la juridiction de la pairie ; juridiction non définie, embarassée, empreinte de féodalité, arbitraire, ne s'assujettissant qu'autant que cela lui convenait aux formes de la procédure criminelle et aux dispositions de la loi pénale ; foulant aux pieds les garanties indispensables proclamées par les articles 4, 53 et 54 de la dernière charte.

Cette création me paraît nécessaire au maintien de la République.

Par son décret du 1er mars dernier, le Gouvernement provisoire a décidé que les fonctionnaires publics de l'ordre administratif et judiciaire ne prêteraient pas serment. Cette dispense inouïe a dû être infiniment agréable à ceux de ces fonctionnaires qui nourrissaient dans leurs cœurs des sentimens hostiles à la République ; elle a mis leur conscience fort à l'aise. Il est trop vrai, on a fait en France un très-grand abus du serment ; mais s'il fallait supprimer tout ce dont on a abusé et dont on abuse journellement, que laisserait-on debout ? Le serment est une garantie sérieuse ; le Gouvernement provisoire lui-même l'a considéré ainsi, puisqu'il a maintenu le serment pour les militaires, et que, par un décret du 29 février dernier, il a cru devoir délier tous les fonctionnaires de leur serment. J'en suis fâché, mais ces décrets-là se concilient mal ensemble. Lorsqu'un gouvernement a été renversé pour avoir violé les clauses essentielles du contrat en vertu duquel il existait, on est mal venu à présenter le serment comme superflu dans l'ordre politique.

Articles de la Constitution proposée.

Art. 1er. La République française est une et indivisible. La souveraineté réside dans le corps de la Nation.

Droit public des Français.

Art. 2. Les Français sont égaux devant la loi. Les titres et priviléges de noblesse sont abolis.

Art. 3. Tous les Français sont admissibles aux emplois civils et militaires, sans autres motifs de préférence que les vertus, la capacité et les services rendus à la patrie.

Art. 4. Ils contribuent indistinctement, dans la proportion de leur fortune, aux charges de l'Etat.

Art. 5. Nul ne peut être arrêté ni poursuivi que dans les cas et dans les formes déterminés par la loi.

Art. 6. Nul ne peut être contraint de céder sa propriété, si ce n'est pour cause d'utilité publique, légalement constatée, et moyennant une juste et préable indemnité.

Art. 7. La liberté de la presse et la liberté de l'enseignement seront réglées par la loi.

Art. 8. La Constitution accorde une égale protection aux cultes établis en France et dans les colonies françaises. De nouveaux cultes ne pourront s'établir qu'autant qu'ils professeraient les dogmes de l'existence de Dieu, de la vie future, de la récompense des hommes de bien et de la punition des pervers après le trépas ; et qu'autant que leurs pratiques et leurs instructions ne présenteraient rien de contraire à la Constitution et à la morale publique.

Art. 9. En cas de danger de la patrie, tout Français capable de porter les armes est soldat. A toutes les époques, la loi détermine quels sont ceux qui doivent être appelés dans les rangs de l'armée active et quels sont ceux qui sont tenus au service de la garde nationale.

De l'état, des droits et des devoirs des citoyens.

Art. 10. Tout homme né et domicilié en France qui, âgé de vingt et un ans accomplis, s'est fait inscrire sur le registre civique de son canton, qui, depuis lors a demeuré pendant un an sur le territoire de la République, qui paie la contribution personnelle et mobilière ou une contribution foncière, est citoyen français.

Art. 11. Sont citoyens, sans aucune condition de contribution, 1°. les Français qui ont combattu, dans les Journées de Février, pour l'établissement de la Liberté ; 2°. ceux qui sont retirés honorablement du service militaire.

Art. 12. Les Français qui, depuis cinq ans au moins, font le service habituel de la garde nationale sédentaire et sont inscrits sur les contrôles, sont admis à la jouissance des droits civiques, sans condition de contribution.

Art. 13. L'étranger qui, âgé de vingt et un ans, aura été admis, avec l'autorisation du gouvernement, à fixer son domicile en France et qui, postérieurement à cette autorisation,

Le procureur-général et ses substituts sont nommés par le Conseil des représentans et révocables par lui. Le greffier et ses commis sont nommés par la cour réunie aux officiers du ministère public.

Art. 55. La haute Cour nationale est instituée pour surveiller l'observation de la Constitution, signaler aux Conseils nationaux les infractions qui y seraient commises, pour convoquer ces Conseils s'ils ne s'étaient pas dans le temps fixé par la Constitution, ou si la Constitution était mise en péril ; pour maintenir la séparation des juridictions entre les autorités civiles et militaires, administratives et judiciaires ; pour juger les conflits entre ces diverses juridictions et prononcer par voie de réglement de juges ; pour statuer comme chambre d'accusation, dans le cercle de compétence qui va être tracé, et pour juger, avec le concours d'un jury, les faits de concussion et de trahison et les autres crimes qui seraient imputés à des ministres, à des ambassadeurs où ministres plénipotentiaires de la République, à des membres des Conseils nationaux, de la cour de cassation, du Conseil d'Etat, de la cour des comptes, à des généraux en chef, à des amiraux ou chefs d'escadres, et aux individus inculpés de complicité.

Seront aussi de sa compétence, quels que soient les individus inculpés, les crimes de haute trahison, les attentats contre la représentation nationale et les autres attentats à la sûreté de la République qui sont ou seront définis par la loi.

Art. 56. Elle aura le droit d'ordonner des poursuites, à raison des crimes ci-dessus spécifiés ; dans le cas où le ministère public exerçant près d'elle ne les aurait pas déjà intentées. Elle désignera un ou plusieurs de ses membres pour remplir les fonctions de juge d'instruction, en se conformant au code d'instruction criminelle pour la délivrance des mandats d'amener, de dépôt ou d'arrêt. — Elle pourra, avec l'autorisation du conseil de gouvernement, se transporter hors de la capitale, pour juger les crimes de sa compétence.

Art. 57. Elle sera composée de sept juges pour prononcer sur les conflits et réglemens de juges ; et de cinq pour statuer sur les mises en accusation et sur le jugement des accusations.

La cour entière nommera chaque année son président, et tous les six mois, les présidens de sections.

Art. 58. Les juges qui auront connu de la mise en accusation ne pourront faire partie de la cour de jugement.

Le conseil de gouvernement pourra désigner des juges suppléans pour le jugement des accusations.

Art. 59. Le jury appelé à siéger à la haute Cour nationale sera pris, pour chaque affaire, par la voie du sort, en assemblée publique, parmi les députés au Conseil de gouvernement ; il sera composé de quinze jurés et de cinq suppléans. Les jurés désignés par le sort seront remplacés, séance tenante, s'il y a cause de récusation ou d'abstention en leurs personnes. Le verdict contre les accusés ne pourra être rendu qu'à la majorité de dix voix au moins.

Art. 60. Seront suivies au surplus pour les mises en accusation, les débats et le jugement, les formes prescrites par le code d'instruction criminelle. Les peines portées par les lois seront appliquées.

Art. 61. Les arrêts de la haute Cour ne sont sujets ni à révision, ni à cassation. Ils sont exécutoires dans les trois jours. Aucun recours en grâce ne sera admis, s'il n'a été autorisé par la cour de jugement.

Art. 62. Les membres de la haute Cour reçoivent un traitement du trésor public.

Disposition transitoire.

Provisoirement, et jusqu'à l'expiration des trois mois qui suivront la première réunion des Conseils nationaux, la haute Cour nationale sera composée de juges et d'officiers du ministère public nommés au scrutin par l'assemblée nationale.

Pour le jugement des accusations qui seront portées devant la haute Cour, l'assemblée nationale désignera parmi ses membres, et par la voie du sort, les jurés qui siègeront aux assises.

On se conformera pour le surplus aux dispositions qui précèdent.

Du Gouvernement.

Art. 63. Le Gouvernement est confié à un seul chef sous le titre de Président de la République. Il est nommé pour quinze ans et ne peut être réélu. Le vice-président est nommé pour le même laps de temps.

Art. 64. Nul ne peut être nommé Président ou vice-Président de la République, s'il n'est citoyen français, depuis plus de quinze ans, et âgé de quarante cinq ans au moins.

Art. 65. Le Président de la République est élu, au scrutin secret, et à la majorité absolue des suffrages, par le Conseil de gouvernement sur une liste quadruple, formée aussi au scrutin secret et à la majorité absolue des suffrages, par un Conseil de représentans spécialement délégués. Pour cette élection et celle du vice-président de la République, les Conseils nationaux se réunissent chacun dans un local séparé et se forment en comité secret. Aucune discussion ne sera permise à la tribune sur les noms inscrits ou à inscrire sur la liste. Les membres des deux Conseils ne pourront sortir des palais où ils seront réunis que les deux élections ne soient terminées. Celle du vice-président suivra immédiatement celle du Président et sera faite sur la même liste. Il sera dressé, séance tenante, procès-verbal des opérations. —La proclamation des citoyens élus sera faite sans retard et en grande solennité.

Art. 66. La liste de quatre noms sur laquelle doivent être choisis le Président et le vice-Président ne pourra être formée que par un Conseil de représentans délégués *ad hoc* par les collèges électoraux, et dont les pouvoirs expireront aussitôt que leur mission sera accomplie.

Art. 67. Le Président de la République nomme les ministres, les ambassadeurs, les ministres plénipotentiaires, les officiers des armées de terre et de mer, les membres des cours et tribunaux, et généralement les fonctionnaires des différentes administrations dont la nomination n'est pas réservée au Conseil de gouvernement ou dont l'élection n'est pas confiée aux citoyens. Il peut révoquer tous les fonctionnaires à sa nomination, à l'exception des officiers des armées de terre et de mer et des juges des cours et tribunaux civils.

Il fait les réglemens et rend les décrets nécessaires pour l'exécution des lois. Ces décrets et règlemens ne sont exécutoires qu'autant qu'ils sont revêtus du contre-seing ministériel.

Art. 68. Le Président de la République a le droit de proposer des lois et notamment la loi du budget. Il promulgue les lois après les avoir sanctionnées.

Art. 69. Si le Président de la République refuse sa sanction à une loi, la proposition n'en pourra être reproduite dans la même session. Mais si la même loi est de nouveau adoptée par la majorité des Conseils à une session subséquente ; elle devra être promulguée et sera exécutoire, sans que la sanction du Président soit nécessaire.

Art. 70. Le Président ne pourra commander les armées en personne que dans le cas d'une invasion étrangère qui menacerait la capitale, ou pour réprimer une révolte qui compromettrait la sûreté de la République.

Art. 71. Le Président de la République déclare la guerre, fait les traités de paix, d'alliance et de commerce, sauf l'autorisation ou la ratification des Conseils nationaux, ainsi qu'il a été prescrit.

Art. 72. Le Président ne peut être ni poursuivi, ni accusé pendant la durée de sa magistrature. Toutefois, dans le cas d'attentat manifeste contre la Constitution, commis personnellement par le Président, les Conseils nationaux réunis en une seule assemblée pourront prononcer sa déchéance. La réunion des Conseils pour délibérer à ce sujet ne pourra avoir lieu, si elle n'a été votée par la majorité de chacun d'eux.

Art. 73. En cas de décès, d'abdication, d'empêchement absolu ou de déchéance, le Président est remplacé par le Vice-Président pour tout le temps qui restait à courir ; il sera pourvu sans retard à l'élection d'un autre Vice-Président.

Art. 74. Les traitemens du Président, du Vice-Président sont fixés, pour toute la durée de leurs fonctions, par les délégués appelés pour former la liste des candidats.

Art. 75. Dans les trois mois qui suivront l'expiration de ses fonctions, le président pourra être poursuivi et accusé s'il s'est rendu coupable de violation de la Constitution et des lois ou s'il a autorisé ou approuvé cette violation. La haute Cour nationale sera seule compétente, à raison de la poursuite, de l'accusation et du jugement.

Art. 76. S'il n'intervient point de poursuites dans le délai ci dessus fixé, le Président sortant de charge sera proclamé *Président honoraire de la République* et *Père de la patrie.* Il occupera le premier rang, après le Président en exercice, dans toutes les cérémonies publiques auxquelles il voudra assister ; il sera invité à fixer son habitation dans un des palais nationaux ; il aura une garde d'honneur de cent hommes de cavalerie, entretenue aux frais du trésor public, et dont les officiers seront à sa nomination ; il lui sera allouée une pension digne de la reconnaissance nationale. Les dix jours qui suivront son décès seront une époque de deuil national.

Art. 77. L'élection de chaque nouveau Président de la République précèdera de quinze mois au moins et de deux ans au plus l'expiration des fonctions du Président en exercice. Le nouveau Président ne pourra être choisi parmi les parens en ligne directe, ni les collatéraux jusqu'au 5e. degré de son prédécesseur immédiat.

Des Ministres.

ART. 78. Les ministres ont leur entrée dans les Conseils nationaux et doivent être entendus quand ils le demandent.

Ils sont responsables des actes de leur administration et des décrets du Président contre-signés par eux.

De l'ordre judiciaire

ART. 79. Les actes de la haute Cour nationale sont faits, ses décisions et arrêts sont rendus au nom de la République.

Les autres cours et tribunaux rendent la justice au nom du Président de la République.

ART. 80. Nul ne pourra être distrait de ses juges naturels.

ART. 81. La loi détermine l'organisation des cours et tribunaux et fixe leur juridiction.

ART. 82. Les juges de la cour de cassation, de la cour des comptes, des cours d'appel et des tribunaux civils seront inamovibles jusqu'à l'âge de 70 ans ; mais ils pourront être mis à la retraite avant cet âge pour cause d'infirmités graves et duement justifiées.

Ils ne pourront être révoqués qu'en vertu de jugemens, et par suite de conviction de crimes ou de délits punis de l'emprisonnement.

Les juges des cours d'appel et des tribunaux civils pourront, après dix ans d'exercice dans le même siège, être soumis à un roulement d'une cour à une autre et d'un tribunal à un autre, ainsi qu'il sera réglé par la loi.

Les juges de paix ne sont point inamovibles.

ART. 83. Les débats sont publics en matière criminelle ; à moins que dans l'intérêt des mœurs, ou de l'ordre, le tribunal ou la cour n'en ait décidé autrement.

ART. 84. Le Président a le droit de faire grâce et de commuer les peines, en usant de ce pouvoir avec une grande réserve ; mais il n'a pas le droit d'arrêter les poursuites avant le jugement.

Dispositions particulières.

ART. 85. Toute espèce d'engagement pris par l'état envers ses créanciers est inviolable.

ART. 86. Pour récompenser les belles actions et les services distingués rendus à la République, il sera créé un ordre civique.

Les membres de cet ordre prendront la qualification de chevaliers de l'ordre civique : cette qualification ne pourra être transmise héréditairement. Un anneau d'or sera le signe distinctif de l'ordre.

La loi déterminera le nombre des membres dont il sera composé, les conditions d'admission, les cas d'exclusion et la formule du serment.

Art. 87.   Les colonies sont régies par des lois particulières.

Art. 88.   Avant leur entrée en fonctions, le Président et le vice-président de la République prononceront, en présence des Conseils nationaux et de la haute Cour nationale, le serment dont la teneur suit : « Je jure d'être fidèle à la Répu- » blique, de maintenir de tout mon pouvoir la Constitution, » d'observer et de faire observer les lois de l'Etat ; ainsi que » Dieu me soit en aide ».

Art. 89.   Les membres des Conseils nationaux, les officiers et sous-officiers des armées de terre et de mer, les officiers et sous -officiers des gardes nationales, tous les fonctionnaires publics et les avocats, prêteront le serment qui sera déterminé par la loi.

Art. 90.   Ceux qui auront prêté le serment ne seront pas tenus de le renouveler, s'ils passent à d'autres fonctions.

Art. 91.   Les citoyens sont dispensés du serment pour exercer leurs droits d'électeurs ;

En sont pareillement dispensés les citoyens délégués pour réviser la Constitution.

ARTICES TRANSITOIRES.

Art. 92.   Après le vote de la Constitution, l'Assemblée nationale nommera le Président et le vice-Président de la République ; fixera leur traitement ; recevra leur serment, décretera les lois organiques et les lois urgentes, et sa mission étant terminée, elle se séparera.

Art. 93.   Les Conseils nationaux seront convoqués et se réuniront dans le délai de six mois, après la sépararation de l'Assemblé nationale. Il sera procédé sans retard à la confection des listes civiques et aux autres opérations préparatoires.

De la révision de la Constitution.

Art. 94.   Lorsqu'à deux reprises différentes, et à sept ans d'intervalle au moins, les Conseils nationaux, à la majorité des deux tiers des voix, auront émis le vœu que des articles précisés de la Constitution soient soumis à révision, il sera, un an après la seconde déclaration, convoqué une Assemblée extraordinaire de délégués composée de six cents membres.

Art. 95.   Cette assemblée sera élue par les collèges électoraux dans la forme ordinaire. Elle aura seule le droit de statuer sur la révision, dans le cercle tracé, et ne pourra s'occuper d'aucun autre objet.

Art. 96.   Aucune modification ne sera faite à la Constitution, si elle n'est votée par les quatre cinquièmes des membres de l'assemblée de révision.

Art. 97.   Ses décisions seront communiquées au Président de la République, aux Conseils nationaux, promulguées comme les lois ; et il sera fait une nouvelle édition officielle de la Constitution.

Art. 98.   La présente Constitution est placée sous la protection de la divine providence, et sa défense est confiée à la loyauté et au courage de tous les citoyens.

Cet essai, tel qu'on vient de le lire, allait être livré à l'impression, lorsque le projet de la nouvelle Constitution a paru.

Une Constitution ne doit pas être un traité de politique ; elle ne doit pas laisser en dehors ce qui est fondamental, ni comprendre ce qui est du domaine de la législation ordinaire, ni faire des promesses illusoires, ni proclamer des principes qui n'en sont pas. Réduire la société en atomes sans adhésion entre eux, vouloir nous *démocratiser* beaucoup plus qu'on ne l'est, même aux États-Unis ; après tant de choses étonnantes, cela est encore étonnant. Je n'attaque pas les intentions, j'indiquerai les résultats ; il peuvent s'exprimer en deux mots : *instabilité, agitation.* Qu'on nous rende plutôt la Constitution de l'an 3 avec tous ses défauts : ne nous exposons pas à une crise sociale où tout peut s'engloutir. Républicains et Dynastiques de la veille ; partisans de la liberté ou du despotisme, réfléchissez, réfléchissez, réfléchissez.   !

22 *Juin* 1848.

Amiens.—Typographie d'Alfred CARON.

www.ingramcontent.com/pod-product-compliance
Lightning Source LLC
Chambersburg PA
CBHW050741070726
47597CB00009B/4026